I0217754

www.ingramcontent.com/pod-product-compliance
Lightning Source LLC
Chambersburg PA
CBHW031429040426
42444CB00006B/749

9781685681814

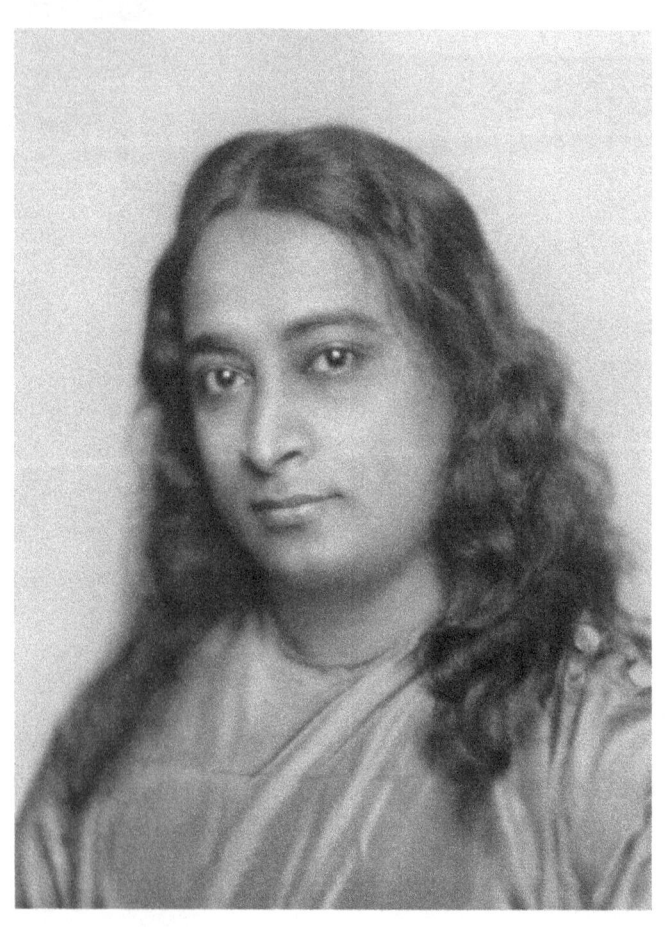

برمهنسا يوغانندا
(١٨٩٣-١٩٥٢)

برمهنسا يوغانندا

لماذا يسمح الله بالشر

و

كيف يمكن تجاوزه

Self-Realization Fellowship
FOUNDED 1920 BY PARAMAHANSA YOGANANDA

كلمة حول هذا الكتاب: تم نشر المحاضرات التي يتضمنها هذا الكتاب في الأصل بواسطة Self-Realization Fellowship في مجلتها Self-Realization، التي أسسها برمهنسا يوغانندا في عام ١٩٢٥. هذه المحاضرات أُلقيت في معابد Self-Realization Fellowship التي أسسها المؤلف في هوليوود وسان دييغو، كاليفورنيا؛ وتم تدوينها بطريقة الاختزال بواسطة شري دايا ماتا، إحدى أوائل وأقرب تلاميذ برمهنسا يوغانندا.

تم نشر العنوان الأصلي باللغة الإنكليزية
بواسطة *Self-Realization Fellowship*، لوس أنجلوس (كاليفورنيا):
Why God Permits Evil and How to Rise Above It

ISBN: 978-0-87612-461-1

تُرجم إلى العربية بواسطة Self-Realization Fellowship

حقوق النشر محفوظة لـ Self-Realization Fellowship © ٢٠٢٣

Copyright © 2023 Self-Realization Fellowship

جميع الحقوق محفوظة. باستثناء الاقتباسات الموجزة في مراجعات الكتب، لا يجوز إعادة إنتاج أي جزء من (لماذا يسمح الله بالشر و كيف يمكن تجاوزه *Why God Permits Evil and How to Rise Above It*) أو تخزينه، أو نقله، أو عرضه بأي شكل، أو بأي وسيلة (إلكترونية أو ميكانيكية أو غير ذلك) معروفة الآن أو سيتم ابتكارها فيما بعد - بما في ذلك النسخ والتسجيل أو أي نظام لتخزين المعلومات واسترجاعها - دون إذن كتابي مسبق من الناشر:

Self-Realization Fellowship, 3880 San Rafael Avenue,
Los Angeles, California 90065-3219, U.S.A.

 بترخيص من مجلس النشر الدولي التابع إلى
Self-Realization Fellowship

إن اسم وشعار (Self-Realization Fellowship) المبينين أعلاه يظهران على جميع كتب وتسجيلات ومطبوعات أخرى صادرة عن Self-Realization Fellowship مما يؤكد للقارئ أن المادة المنشورة مصدرها الجماعة التي أسسها برمهنسا يوغاننداوأنها تنقل تعاليمه بصدق وأمانة.

الطبعة العربية الأولى، ٢٠٢٣
First edition in Arabic, 2023
هذا الإصدار، ٢٠٢٣
This printing, 2023

ISBN: 978-1-68568-181-4

1299-J08112

الخير والشر يجب أن يكونا مكملين على هذه الأرض. كل شيء مخلوق يجب أن يحمل مظهراً من مظاهر عدم الكمال. وإلا كيف يمكن لله، الكمال الأوحد، أن يجزئ وعيه الواحد إلى أشكال من الخليقة يمكن تمييزها عنه؟ لا يمكن أن توجد صور للضوء بدون ظلال لإحداث التباين. ولو لم يُخلق الشر، لما عرف الإنسان النقيض، أي الخير. الليل يبرز التباين الساطع للنهار، والحزن يجعلنا نرغب في الفرح. ومع أن الشر لابد أن يأتي، لكن الويل لمن يأتي عن طريقه. ومن يغريه الوهم بلعب دور الشرير، لابد أن يعاني من المصير الكارمي المؤسف للشرير، في حين ينال البطل المكافأة المقدسة على استقامته. وإذ ندرك هذه الحقيقة، يجب علينا أن نتجنب الشر. وإذ نصبح خَيِّرين، فإننا نرتقي في النهاية إلى حالة إلهية سامية ـ فوق كل من الشر والخير.

ــ برمهنسا يوغانندا

القسم ١
لماذا الشر جزء من خليقة الله؟................................٩

القسم ٢
لماذا خلق الله العالم................................١٩

القسم ٣
عالم من الترفيه الكوني................................٣٤

القسم ٤
اكتشاف محبة الله غير المشروطة
خلف حجاب الخليقة الغامض................................٤٨

لماذا يسمح الله بالشر
وكيف يمكن تجاوزه

القسم ١

لماذا الشر جزء من خليقة الله؟*

ما هو مصدر الشر؟

يقول البعض إن الله لا يعرف الشر، لأنهم لا يستطيعون تفسير لماذا يسمح الله الذي هو الخير والصلاح بعمليات السطو والقتل وبالمرض والفقر وغيرها من الحوادث الرهيبة التي تحدث باستمرار على هذه الأرض. هذه المصائب هي بالتأكيد شرٌ لنا؛ ولكن هل هي شر بالنسبة لله؟

إذا كان الأمر كذلك، فلماذا يسمح الله بمثل هذا الشر؟ وإذا لم يكن الشر قد جاء من الخالق الأسمى لكل الأشياء، فمن أين أتى؟ من الذي خلق الجشع؟ ومن خلق الكراهية؟ من خلق الغيرة والغضب؟ من الذي خلق البكتيريا الضارة؟ ومن خلق غواية الجنس وإغراء الطمع؟ هذه الأمور لم تكن من اختراع البشر. ولم يكن بإمكان الإنسان أن يختبرها أبداً لو لم يتم خلقها أولاً.

* مقتطفات من محاضرة ألقيت في ١٧ نوفمبر/تشرين الثاني ١٩٤٦. تظهر المحاضرة الكاملة في *The Divine Romance* (مجموعة أحاديث ومقالات برمهنسا يوغانندا، المجلد الثاني)، منشورات Self-Realization Fellowship.

يحاول البعض أن يوضّح بأن الشر غير موجود، أو أنه مجرد عامل نفسي. ولكن هذا ليس كذلك. فالدليل على وجود الشر موجود هنا في العالم. لا يمكنك إنكار ذلك. إذا لم يكن هناك شر، فلماذا صلّى يسوع: "لا تدخلنا في تجربة لكن نجنا من الشرير؟" فهو يقول بوضوح أن الشر موجود. لذلك، الحقيقة هي أننا نجد الشر في العالم.

ومن أين أتى الشر؟ من الله. يوفر الشر التباين الذي يمكّننا من التعرف على الخير واختباره. إن كان لا بد من وجود أي خليقة فلا بد من وجود الشر. إذا كتبت رسالة بالطباشير الأبيض على لوحة بيضاء، فلن يراها أحد. لذلك، بدون سبورة الشر القاتمة، لا يمكن إبراز وتمجيد الأشياء الجيدة في العالم على الإطلاق. على سبيل المثال، كان يهوذا أفضل وكيل إعلان للسيد المسيح. فبفعلته الشريرة، جعل يهوذا المسيحَ مشهوراً إلى الأبد. لقد عرف السيد المسيح الدور الذي يجب أن يقوم به، وعرف كل ما سيحدث له حتى يتمكن من إظهار محبة الله وعظمته؛ وكان الشرير ضرورياً لأداء هذا الدور. وعلى نقيض ذلك، لم يكن ملائماً ليهوذا أن يختار أن يكون الشخص الذي يكون عمله المظلم سبباً في تمجيد انتصار المسيح على الشر.

أين يقع الخط الفاصل بين الخير والشر؟

من الصعب معرفة أين يقع الخط الفاصل بين الخير والشر. ومن المؤكد أنه أمر فظيع أن تقتل البكتيريا ملياري شخص كل

مائة عام. لكن فكّر في فوضى الاكتظاظ السكاني لو لم يكن هناك موت! ولو كان كل شيء هنا جيداً وكاملاً، لما ترك أحد هذه الأرض بمحض إرادته؛ ولما أراد أحد العودة إلى الله. لذا على ما يبدو أن البؤس هو أفضل صديق لك، لأنه يدفعك إلى البحث عن الله. وعندما تبدأ في رؤية نقائص العالم بوضوح، ستبدأ في السعي إلى كمال الله. الحقيقة هي أن الله يستخدم الشر، لا ليهلكنا، بل ليجعلنا نُصاب بخيبة أمل جرّاء الانشغال بالتسليات التي يقدمها لنا والتلهي بألعاب هذا العالم، بحيث نطلب السعي إليه والتعرف عليه.

ولهذا السبب يسمح الرب نفسه بالمظالم والشر. لكنني قلت له: "يا رب، أنت لم تتألم قط. لقد كنتَ وما زلتَ كاملاً. كيف تعرف ما هي المعاناة؟ ومع ذلك فقد جعلتنا نَمُر في هذه الاختبارات؛ وكان يجب ألّا تفعل ذلك. فنحن لم نطلب أن نولد كبشر وأن نتألم." (هو لا يمانع أن أتجادل معه. لأنه صبور جداً.)

فيجيب الرب: "ليس عليك أن تستمر في المعاناة؛ لقد أعطيت كل إنسان الإرادة الحرة لاختيار الخير بدلاً من الشر، وبالتالي العودة إليّ."

فالشر إذاً هو اختبار إلهي لمعرفة ما إذا كنا سنختار الله أم نختار عطاياه. لقد خلقنا على صورته وأعطانا القدرة على تحرير أنفسنا. لكننا لا نستخدم تلك القوة.

الصور الكونية المتحركة

هناك زاوية أخرى حول الازدواجية، أو الخير والشر، أريد أن أشرحها لك. إذا كان منتج الفيلم يصنع صوراً متحركة للملائكة فقط، ويعرضها في دور السينما صباحاً وظهراً ومساءً كل يوم، فسيضطر قريباً إلى إنهاء عمله. عليه أن ينتج تنوعاً لكي يسترعي انتباه الناس. الرجل السيئ يجعل البطل يبدو أفضل بكثير! ونحن نحب الحبكات المليئة بالأحداث. ولا نمانع في مشاهدة أفلام مثيرة عن الخطر والكوارث لأننا نعلم أنها مجرد صور. أتذكّر ذات مرة عندما تم اصطحابي لمشاهدة فيلم مات فيه البطل، وتلك كانت مأساة كبيرة! لذلك بقيت في دار السينما وشاهدت العرض التالي للفيلم حتى رأيت البطل حياً مرة أخرى؛ ثم غادرت المسرح.

إذا تمكنت من رؤية ما يحدث خلف شاشة هذه الحياة، فلن تعاني على الإطلاق. إنه عرض لصور كونية متحركة. هذا الفيلم الذي يعرضه الله على شاشة هذه الأرض ليس له أي قيمة بالنسبة لي.

إنني أنظر إلى شعاع نور الله الذي يعرض هذه المشاهد على شاشة الحياة. أرى صور الكون كله صادرة عن هذا الشعاع.

وفي مرة أخرى كنت جالساً في دار السينما أشاهد دراما مثيرة على الشاشة. وبعد ذلك نظرت إلى حجرة العرض. رأيت أن الشخص الذي يقوم بعرض الصور لم يكن مهتماً بالصور، لأنه شاهدها مراراً وتكراراً. وبدلاً من ذلك، كان يقرأ كتاباً. كان جهاز العرض يقوم بوظيفته: كان هناك صوت، وكان شعاع

الضوء يلقي صوراً واقعية على الشاشة. وكان هناك الجمهور، منشغلاً في الدراما. فكّرت قائلاً: "يا رب، أنت مثل هذا الرجل الجالس هنا في المقصورة، منغمساً في طبيعتك الجوهرية التي هي نعيم وحب وحكمة. فجهاز قانونك الكوني يسلّط على شاشة الكون مشاهد من الغيرة، والحب، والكراهية، والحكمة، لكنك تظل غير معني ولا تشارك في مسرحياتك.

من عصر إلى عصر، ومن حضارة إلى حضارة، يتم عرض نفس الصور القديمة مراراً وتكراراً، فقط بأشخاص مختلفين يقومون بلعب الأدوار. أعتقد أن الله يشعر ببعض السأم من كل ذلك. وقد اعتراه الملل. ومن المدهش أنه لا يقوم بسحب القابس ووقف العرض!

وعندما ابتعدت بنظري عن شعاع الضوء الذي كان يسلّط المشاهد المتحركة على الشاشة، نظرت إلى جمهور المشاهدين في دار السينما فوجدت أنهم يعيشون كل مشاعر الممثلين في الفيلم. كانوا يعانون مع البطل ويُبدون ردود فعل تجاه شر الشرير. فبالنسبة للمتفرجين كانت تجربة مأساوية. أما بالنسبة للمشغّل في حجرة العرض، كانت مجرد صور سينمائية. وهكذا هو الحال مع الله. فقد خلق صوراً من الضوء والظلال، البطل والشرير، الخير والشر، ونحن المتفرجون والممثلون. إن السبب الوحيد وراء وقوعنا في الورطات والمشاكل هو ارتباطنا الزائد بالمسرحية.

بدون الظلال وكذلك الضوء لا يمكن أن تكون هناك صورة. الشر هو الظل الذي يحوّل شعاع نور الله الواحد إلى صور

أو أشكال. لذلك، الشر هو ظل الله الذي يجعل هذه المسرحية ممكنة. فظلال الشر المظلمة تتخلل الشعاع الأبيض النقي للفضائل الإلهية وتتداخل معه. الله يريدك ألا تأخذ هذه الصور على محمل الجد. يرى مخرج الفيلم أن جرائم القتل والمعاناة والكوميديا والدراما هي وسائل لإثارة اهتمام الجمهور. فيقف بعيدًا عن المسرحية ويوجهها ويشاهدها. يريدنا الله أن نتصرف دون ارتباط، مدركين أننا مجرد ممثلين أو مشاهدين في عرضه الكوني.

ومع أن الله لديه كل شيء، إلا أنه لا يزال بإمكاننا أن نقول إن لديه بعض الرغبة: إنه يريد أن يرى من سيبقى ثابتاً دون أن يتطرق إليه الخوف من هذه الصور، ومن سيحسن أداء دوره ويعود إليه. لا يمكنك الهروب من هذا الكون، ولكن إن قمت بأداء دورك في هذه المسرحية وفكرك مركّز على الله، فسوف تتحرر.

لا يوجد شر بالنسبة للعارف بالله

الطريق إلى السعادة القصوى لن يجده العالِم ولا أصحاب العقول المادية، بل أولئك الذين يتبعون المعلمين الذين يقولون: "عودوا إلى مقصورة المطلق اللانهائي التي يمكنكم من خلالها مشاهدة كيفية تسليط كل هذه الصور الكونية المتحركة. وعندها لن تقلقوا بشأن خليقة الله، التي هي مسرحية الله."

اهتمامي الوحيد بالناس هو من أجل مساعدتهم. وما دام النَفس يتدفق في هاتين الرئتين، سأحاول مساعدة الآخرين وأطلب منهم الابتعاد عن فيلم الوهم هذا. ولأنك جزء منه الآن، فإنك تعاني. يجب أن تقف جانباً وتشاهد الفيلم، وبعدها لا يمكنك أن تعاني. عندما تكون أحد المشاهدين يمكنك الاستمتاع بهذه المسرحية. هذا ما يجب أن تتعلمه. بالنسبة لله، هذا مجرد فيلم، وعندما تلجأ إليه، سيكون أيضاً مجرد فيلم بالنسبة لك.

سأحكي لك قصة صغيرة. ذات مرة نام ملكٌ وحلم أنه فقير محروم. فراح يصيح أثناء نومه للحصول على فلس واحد من أجل شراء بعض الطعام. وأخيراً أيقظته الملكة وقالت: "ما خطبك؟ خزانتك مليئة بالذهب، وأنت تصيح من أجل فلس".

فقال الملك: "آه، ما أسخفني. ظننت أنني كنت متسولاً وكنت أتضور جوعاً لعدم وجود ذلك الفلس."

هذا هو الوهم الذي تعاني منه كل نفس تحلم بأنها فانية، وخاضعة لشرور كابوسية من كل أنواع الأمراض، والمعاناة، والمتاعب، وانكسارات القلب. الطريقة الوحيدة للتخلص من هذا الكابوس هي أن نصبح أكثر تعلقاً بالله وأقل تعلقاً بالصور الحلمية

لهذا العالم. إنك تتألم لأنك تركّز انتباهك على الأشياء الخاطئة. إن أعطيت قلبك للإنسان، أو لشرب الكحول، أو للجشع، أو للمخدرات، فسوف تعاني. وسوف ينكسر قلبك. يجب أن تجعل قلبك مع الله. كلما التمست السلام في الله، كلما قضى هذا السلام على همومك ومعاناتك.

إنك تعاني لأنك سمحت لنفسك بأن تصبح عرضة لشرور هذا العالم. يجب أن تتعلم أن تكون ثابت الجأش وقوياً روحياً. افعل كل ما عليك أن تفعله، واستمتع بما تفعله، ولكن قل في داخلك: "يا رب، أنا ابنك، مخلوق على صورتك، ولا أريد شيئاً سواك." من يتبع هذا المبدأ ويبلغ هذا الإدراك سيجد أنه لا شر في الدنيا بالنسبة له. لا توجد قسوة في التدبير الإلهي. ففي نظر الله لا يوجد خير أو شر ــ بل هناك صور من النور والظلال لا غير.

لقد أرادنا الله أن نرى مَشاهد الحياة الثنائية تماماً مثلما يراها هو: الشاهد والمُشاهد المغتبط للمسرحية الكونية الجبارة!

لقد ربط الإنسان نفسه وحقق ذاته من قبيل الوهم مع تلك (الأنا) الزائفة. وعندما يحوّل تحققه ويتماهى مع كيانه الحقيقي – الروح الخالدة – يرى عندها أن كل الآلام غير حقيقية."

— برمهنسا يوغانندا، في مأثورات برمهنسا يوغانندا

القسم ٢

لماذا خلق الله العالم*

عندما تقرأ رواية ممتعة للغاية ترى الخير والشر يناقضان بعضهما البعض، وتظن أن انتصار الشر هو أمر فظيع. على سبيل المثال، في أحد الفصول، كان البطل على وشك أن يُقتل؛ ولكن في الفصل التالي يستقيم كل شيء وينجو البطل. يجب أن تعرف أن كل حياة هي رواية فريدة كتبها الله. إن أمر سبر غور تلك الرواية ليس متروكاً لك؛ وستُغلب إن حاولت بسبب القيود المكبلة لعقلك الخاضع للوهم الكوني — مايا.

أولاً، انتصرْ على الوهم واتحد مع الله؛ عندها ستدرك لماذا خلق الله هذا العالم.**

* مقتطفات من محاضرة ألقيت في ١٦ ديسمبر/كانون الأول ١٩٤٥. تظهر المحاضرة الكاملة في *Journey to Self-realization* (مجموعة أحاديث ومقالات برمهنسا يوغانندا، المجلد الثالث)، منشورات Self-Realization Fellowship.

** مايا تعني القوة الوهمية الكامنة في بنية الخليقة، والتي من خلالها يظهر فيها الواحد الأحد متعدداً. مايا تعني مبدأ النسبية، والانعكاس، والتباين، والازدواجية، والحالات المتضادة. وتعني "الشيطان" (حرفياً "الخصم" أو "الضد" باللغة العبرية) بحسب ما أشار إليه أنبياء العهد القديم. وفي هذا الصدد كتب برمهنسا يوغانندا: "الكلمة السنسكريتية مايا تعني 'القَيَّاس' أي الذي يقيس. إنها القوة السحرية في الخليقة التي من خلالها تظهر القيود والانقسامات في الذي لا قياس له وغير قابل للانفصال. وفي الخطة والمسرحية الإلهية (ليلا lila) ، فإن الوظيفة الوحيدة للشيطان

لكن من حقنا أن نسأله عن السبب. وهناك العديد والعديد من الأسباب. أولاً، لا يمكن أن تكون هذه الأرض ضرورية لله، لأنه في هذه الحالة سيكون ناقصاً؛ وسيكون لديه شيء يسعى إلى تحقيقه من خلال خلق هذه الأرض. ولكن عندنا شهادة القديسين بأنه كامل. وأشهد من تجربتي الشخصية لأنني اتصلت به وتواصلت معه....

هذا العالم هو هواية إلهية

بما أن الله كامل وأن هذه الأرض ليست ضرورية لتطوره، فهي بالتالي نوع من الهواية بالنسبة لله. على سبيل المثال، هناك نوعان من الفنانين: النوع الأول هو الفنان التجاري الذي يهدف إلى الربح من فنه؛ والنوع الثاني هو الذي يصنع لفنه، الذي لا قيمة سوقية له، أجنحة رقيقة وشفافة لمجرد الاستمتاع الشخصي به. الآن لا يمكننا أن نفكر بأن الله له هدف تجاري، لأنه ليس لديه ما يكسبه من فن خليقته. وبالمثل، يمارس بعض الأثرياء أحياناً هوايات خاصة مُكْلِفة، لأنهم يستطيعون تحمّل تكاليفها. تعرفت في سينسيناتي على رجل من تلك الفئة، حيث كان لديه مزرعة كبيرة كهواية له. وعندما زرته كضيف في مزرعته، قلت له: "إن مزرعتك لا تدفع تكاليفها، أليس كذلك؟" أجاب: "هذا صحيح. فهذه البيضة التي آكلها كلفتني تسعين سنتاً.

أو مايا هي محاولة تحويل الإنسان من الروح إلى المادة ومن الحقيقة إلى الوهم.... مايا هي الستارة الانتقالية الزائلة في الطبيعة ... الحجاب الذي يجب على كل إنسان أن يرفعه ليرى من ورائه الخالق الذي هو الحقيقة الأبدية غير القابلة للتغيير."

ويمكنني الحصول على بيضة واحدة في السوق مقابل بضعة سنتات."

إذاً هذا العالم هو هواية الله. لكنها ليست ممتعة للمتألمين في العالم. كثيراً ما أقول للرب: "إذا كنت تريد هواية، فلماذا خلقت الألم والسرطان والمشاعر الرهيبة كجزء منها؟" بالطبع، أنا أعلم جيداً بأنني لست في العالم لكي أملي على الرب. لكنني أتجادل معه بتواضع. فيضحك مني ويقول: "في الفصل الأخير سوف يعرف الجميع الإجابة على هذه الأسئلة." حسناً، أنا أعرف الإجابة، ولكنني أجادل بالنيابة عن أولئك الذين لا يعرفون: أقول: "قد تكون مسرحية بالنسبة لك يا رب، لكنها بؤس وموت لأولئك الذين لا يعرفون أنها مجرد مسرحية."

يتزوج شخصان ويعتقدان أنهما وجدا الحب المثالي، ثم يموت أحدهما ـــ ويا لها من مأساة! أو أن شخصاً جمع الكثير من المال ويظن أنه سعيد ثم يرى انهيار سوق الأوراق المالية، فيقفز من النافذة في حالة من اليأس ـــ يا للفظاعة! وفيما يتعلق بمصائد الجنس والخمر والمال، فهناك إغراء ليس فقط من الخارج، بل من الداخل أيضاً.

كيف يمكن للإنسان أن يفسّر كل هذا؟ ولماذا يوجد رجال عصابات وأشخاص مجانين وكل أنواع الأحداث المروعة يا رب؟ لماذا توجد جراثيم تقتل الكثير من الناس كل عام؟ ولو أن عظام الذين يموتون بسبب المرض تم تكديسها معاً لكانت الكومة بارتفاع جبال الهيمالايا؛ ومع ذلك فهي هواية بالنسبة لك يا الله. وماذا عن ضحايا هوايتك يا رب؟

فيقول الرب: "لقد خلقت كل الناس على صورتي. إن كنت تعلم أنك جزء مني، فيمكنك العيش في هذا العالم والاستمتاع به مثلي.

وهذا هو الجواب النهائي. نحن لا نرى هذا العالم كما يراه الله.

النظر بعينيّ
الحكمة والهدوء المفتوحتين

سأعطيك مثالاً عن سبب سير الأمور بشكل خاطئ في الخليقة. إذا أغمضت عينيّ الآن في هذه الغرفة وفجأة بدأت أرقص بعنف، متناسياً كل شيء من حولي وعدم قدرتي على الرؤية، فسوف تصيح بي بأعلى صوتك: "احذر! لأنك ستسقط أو تصطدم بشيء ما!" لكنني أصر قائلاً: "لا، أنا بخير". ثم أتعثر وأسقط وأكسر ساقي وأبكي وأسأل: "لماذا حدث لي هذا؟" ستجيب: "حسناً، لماذا أغمضت عينيك وحاولت الرقص في الظلام؟" فأجيب: "يا إلهي. لماذا رقصتُ مغمض العينين؟"

ولأن عينيك مغمضتان، فلا يمكنك إلا أن تفكر بأن هذا العالم فظيع. ولكن إذا أبقيت عينيّ حكمتك وهدوئك مفتوحتين فسوف ترى أن هناك الكثير من الاستمتاع في هذا العالم — تماماً كما لو كنت تشاهد فيلماً...

لدينا حرية الاختيار بين الانغماس في الدراما أو الارتقاء فوقها

يمكننا أن نقول أن الله خلق هذه الأرض ليس فقط كهواية، ولكن أيضاً لأنه أراد أن يصنع أنفساً كاملة ترتقي لترجع إليه. لقد أرسل تلك النفوس تحت ستارة الوهم، أو مايا، لكنه منحها الحرية. تلك هي أعظم هدية من الله. فهو لم يحرم البشرية من حرية الاختيار التي يتمتع بها هو نفسه. لقد أعطى الإنسان الحرية في أن يكون صالحاً أو شريراً، وأن يفعل تماماً ما يشاء، بل حتى أن ينكر وجود الله. الخير والشر موجودان، لكن لا أحد يجبرك على أن تكون شريراً إلا إذا اخترت ممارسة الشر؛ ولا يمكن لأحد أن يجبرك على أن تكون طيباً إلا إذا كنت تريد أن تكون طيباً. لقد خلقنا الله ومنحنا القدرة على استخدام هديته: الذكاء والاختيار الحر، واللذين من خلالهما يمكننا أن نختار العودة إليه. من المؤكد أن الله يريد أن يعيدنا إليه عندما نكون مستعدين للعودة. نحن كالابن الضال المذكور في الكتاب المقدس، والله يدعونا باستمرار للعودة إلى البيت السماوي.

يجب أن يكون المثل الأعلى في حياة كل إنسان هو أن يكون صالحاً، وأن يكون سعيداً، وأن يجد الله. ولن تشعر بالسعادة إلا إذا وجدت الله. ولهذا قال السيد المسيح: "اطلبوا أولاً ملكوت الله".*

* متى ٦: ٣٣

هذا هو الهدف من وجودنا: أن نسعى جاهدين لنصبح صالحين، لنصبح كاملين، وأن نستخدم إرادتنا الحرة لاختيار الخير بدلاً من الشر. لقد أعطانا الله كل القوة التي نحتاجها للقيام بذلك. العقل يشبه الشريط المطاطي. كلما شددته أكثر، كلما تمدد أكثر. العقل المرن لن ينفصل أبداً. في كل مرة تشعر فيها بالقيود، أغمض عينيك وقل لنفسك: "أنا اللانهائي"، وسوف ترى مقدار القوة التي تمتلكها.

لا فرح الحواس، ولا فرح التملك، يمكن أن يضاهي فرح الله. على الرغم من أنه كان لديه كل شيء من الأزل إلى الأبد، إلا أنه بدأ يفكر: "أنا كلي القدرة، وأنا الفرح بالذات، ولكن لا يوجد أحد آخر يستمتع بي." وفكر عندما بدأ في الخلق: "سأصنع نفوساً على صورتي، وأزودها ــ ككائنات بشرية ــ بحرية الاختيار، لمعرفة ما إذا كانت ستسعى للحصول على هباتي المادية وتستسلم لإغراءات المال والخمر والجنس؛ أو إن كانت ستطلب الفرح الغامر لوعيي الذي يفوق المتع الأخرى بملايين ملايين المرات."

الناحية التي تمنحني أكبر قدر من الرضا هي أن الله عادل ومنصف للغاية. لقد أعطى الإنسان الحرية ليقبل محبته ويعيش في فرحه، أو أن يتخلى عن تلك الحرية ويعيش في الأوهام والجهل به.

على الرغم من أن كل الأشياء المخلوقة هي لله، إلا أن هناك شيئاً واحداً لا يملكه الله، ألا وهو محبتنا. عندما خلقنا الله، كان لديه شيء ليحققه، وذلك الشيء هو حبنا له. بمقدورنا أن نحجب

هذا الحب عنه، أو نقدمه له. وسوف ينتظر إلى ما لا نهاية حتى نكون مستعدين لتقديم محبتنا له. عندما نفعل ذلك ـــ عندما يعود الابن الضال إلى المنزل، يُذبح عجل الحكمة المسمّن، ويكون هناك ابتهاج عظيم. عندما تعود النفس إلى الله، يكون هناك فرح حقيقي بين جميع القديسين في السماء. وهذا هو المعنى من مَثل الابن الضال كما رواه السيد المسيح.

انظر إلى نفسك من شرفة التأمل الباطني

في الحياة أكثر بكثير مما تعتقد. وبما أن كل شيء أرضي يبدو حقيقياً جداً، فلا بد أن تكون الحقيقة التي خلقت هذا الواقع غير الحقيقي أعظم وأروع بما لا يقاس. لكن الواقع غير الحقيقي يجعلك تنسى الحقيقة. يريدك الله أن تتذكر أن هذه الأرض هي مثل فيلم سينمائي وأن لا يكون لديك مانع بأن تكون كذلك. عندها، وحتى لو تعرّضت عظام الجسم الهشة للكسر، ستقول: "حسناً، انظروا إلى تلك العظام المكسورة"، دون أن تشعر بأي اضطراب أو معاناة. يمكنك أن تقول ذلك عندما تصبح راسخاً في الوعي الإلهي. سوف تسخر من عاداتك، وسوف تستمتع بشدة بخصائصك المميزة، كما لو كنت تشاهد نفسك من شرفة التأمل الباطني وأنت تقوم بأداء دورك في فيلم الحياة. وهذا ما أفعله طوال الوقت. عندما تعلم أن هذا العالم هو ملهاة أو مسرحية إلهية فلن تنزعج من التناقضات في دراما الخير والشر هذه.

يمكنك أن ترى في الحلم أغنياء وفقراء، وترى شخصاً قوياً

وشخصاً آخر يئن من المرض، وواحداً يموت، وواحداً يولد. ولكن عندما تستيقظ، تدرك أن ذلك كان مجرد حلم. هذا الكون هو حلم إلهي. وعندما أسأله: "لماذا لا تحلم أحلاماً جميلة فقط؟ ولماذا يجب أن تكون مسرحيتك مليئة بالكوابيس؟" يجيب: "يجب أن تكون قادراً على الاستمتاع بالدراما الكونية، وأن ترى الكوابيس والتجارب الجميلة على حقيقتها ــــ أحلام، وليست أكثر من أحلام. ولكن إن بقيت تحلم أحلاماً جميلة فقط، فسوف تغرق في ذلك الجمال، ولن ترغب في الاستيقاظ أبداً." وهذا هو الجواب. لذلك يجب ألّا يعتريك الخوف إذا جاءت الكوابيس، بل تقول: "يا رب، هو حلم عابر، ولا حقيقة له." وعندما تبتسم وأنت تشعر بالصحة والسعادة قل: "يا رب إنه حلم جميل، لكن افعل ما شئت بأحلام حياتي." عندما لا تمسّك كوابيس المرض والمعاناة والهموم، ولا تقيدك الأحلام الجميلة، عندها يقول الله: "هيا استيقظ الآن! استيقظ! وعد الى البيت."

افصل غير الحقيقي
عن الحقيقي

عندما كنت صبياً صغيراً، كنت أحلم بأن نمراً كان يلاحقني؛ كنت أصرخ قائلاً إن النمر قد أمسك بساقي. كانت أمي تأتي وتهزني كي أستيقظ من حلمي وتقول: "انظر، ليس بك أي مكروه. لا يوجد نمر. وساقك بخير." ونتيجة لحلم الطفولة هذا، حصلت على أول تجربة رائعة أعطاني إياها الله: ففي آخر مرة اختبرت فيه ذلك الحلم قلت: "هذه خدعة قديمة. لا يوجد نمر

يهجم على ساقي." وسرعان ما استيقظت من الحلم. فغادرني ولم يعد بعدها أبداً. ومنذ ذلك الوقت، كنت حريصاً، حتى في الأحلام، على التمييز بين غير الحقيقي والحقيقي.

القديسون هم نصف مستيقظين ونصف حالمين: من ناحية هم مستيقظون في الله، ومن ناحية أخرى يحلمون بهذا التجسد الأرضي. لكن يمكنهم الخروج بسرعة من هذا الحلم. عندما يشعر جسدي ببعض الأذى أو الألم، أركز عيني وعقلي هنا في مركز كوتاستا، أو وعي المسيح، بين الحاجبين، فلا أشعر بأي ألم؛ وبعد فترة قصيرة لا أرى أو أشعر بالجسد.*

لذا تذكر أن هذا العالم هو حلم إلهي. وإن كنا منسجمين مع الله ، فسنعيش حياة تزخر بالغبطة الإلهية ولن يزعجنا شيء. وسنشاهد هذه الصور الكونية كما نشاهد الأفلام في دار السينما، دون أن نتأذى. لقد خلقنا الله لنختبر الحلم مثله، ولنستمتع بهذا الحلم كوسيلة للترفيه، بكل ما فيه من تجارب متناقضة. دون أن نتأثر به، لاستغراقنا في فرح الله الأبدي. "أما تعلمون أنكم هيكل الله وروح الله يسكن فيكم؟"**

* "وعي المسيح" هو وعي لله الحالّ في كل الخليقة. يُطلق عليه في الكتاب المقدس المسيحي "الابن الوحيد"، وهو الانعكاس النقي الوحيد لله الآب في الخليقة. في الكتاب المقدس الهندوسي يطلق عليه اسم كوتاستا تشيتانيا أو تات، عقل الروح الكوني الموجود في كل مكان في الخليقة. إنه الوعي الكوني، التوحد مع الله، الذي تجلى في يسوع المسيح وكريشنا وغيرهم من التجسدات الإلهية. يعرفه القديسون واليوغيون العظماء على أنه حالة من تأمل السمادهي حيث يتحقق وعيهم مع الذكاء الموجود في كل ذرة من ذرات الخليقة، وحيث يشعرون بأن الكون بأكمله هو جسدهم.

** كورنثوس الأولى ٣: ١٦

"إذا تمكنت من تصفية وتوسيع عقلك بالتأمل، واستقبال الله في وعيك، فسوف تتحرر أيضاً من وهم المرض، والمحدوديات، والموت."

— برمهنسا يوغانندا، في *The Divine Romance*

دعاء مستجاب...

ذات يوم دخلت إحدى دور السينما لمشاهدة شريط إخباري عن ساحات القتال الأوروبية. كانت الحرب العالمية الأولى لا تزال تدور رحاها في الغرب؛ فعرضتْ النشرة الإخبارية المذبحة بواقعية لدرجة أنني غادرت المسرح بقلب مضطرب.

صليت قائلاً: "يا رب، لماذا تسمح بمثل هذه المعاناة؟"

ولدهشتي الشديدة، جاءت الإجابة الفورية على شكل رؤية لساحات القتال الأوروبية الفعلية. المشاهد المليئة بالموتى والمحتضرين، فاقت كثيراً في ضراوتها أي عرض للنشرة الإخبارية.

وهمس صوت لطيف لوعيي الداخلي "انظر بتركيز وانتباه!" "سترى أن هذه المشاهد التي تحدث الآن في فرنسا ليست سوى مسرحية من الضوء والظلال. إنها الصور الكونية المتحركة، حقيقية وغير حقيقية تماماً كالعرض الإخباري الذي شاهدته للتو — مسرحية ضمن مسرحية."

وكان قلبي لا يزال غير مرتاح. فتابع الصوت الإلهي:

"الخليقة هي نور وظل كلاهما، وإلا فلا يمكن إظهار صورة. لا بد أن يتناوب الخير والشر على السيادة في الوهم الكوني: مايا. لو أن الفرح استمر دون انقطاع هنا في هذا العالم، ألا يرغب الإنسان في شيء آخر؟ وبدون معاناة، بالكاد سيتذكّر أنه تخلى عن بيته الأبدي. الألم هو حافز للتذكّر. والحكمة هي الطريق

إلى الخلاص. إن مأساة الموت غير حقيقية؛ والذين يرتجفون من الموت يشبهون ممثلاً جاهلاً يموت من الرعب على المسرح عندما يتم إطلاق النار عليه من مجرد خرطوشة فارغة. أبنائي هم أبناء النور. ولن يناموا للأبد في الوهم."

وعلى الرغم من أنني قرأت في الأسفار المقدسة أوصافاً للوهم الكوني، إلا أنها لم تمنحني البصيرة العميقة التي جاءت مع الرؤى الشخصية ومع كلمات العزاء المصاحبة لها. إن قيم المرء تتغير بشكل كبير عندما يقتنع أخيراً بأن الخليقة ليست سوى فيلم سينمائي كبير وواسع؛ وليس فيه، بل وراءه، تكمن حقيقته.

— برمهنسا يوغانندا، في مذكرات يوغي
Autobiography of a Yogi

"اليوغا هي ذلك العلم الذي بواسطته تتمكن النفس من السيطرة على أدوات الجسد والعقل وتستخدمها لبلوغ معرفة الذات — استيقاظ الوعي مجدداً في طبيعته السامية والخالدة، ووحدته مع الروح الكوني. إن نفس الانسان، بصفتها ذاتاً فردية، فقد هبطت من شمولية الروح وأصبحت مرتبطة بقيود ومحدوديات الجسد ووعيه الحسي... "عندما تغيّر مركز الوعي والإدراك والشعور من الجسد والعقل إلى الروح — ذاتك الحقيقية، الخالدة، الفائقة — ستحظى بالسيادة التي يمتلكها اليوغي على الحياة والانتصار على الموت."

— برمهنسا يوغانندا

القسم ٣

عالم من
الترفيه الكوني*

العالم هو مسرحية إلهية

إن حكماء الهند القديمة (الريشيز)، بعد نفاذهم إلى السبب الأصلي للوجود، أعلنوا أن الله كامل؛ وأنه لا يحتاج إلى شيء، لأن كل شيء موجود فيه؛ وأن هذا العالم هو ملهاة أو مسرحية إلهية (ليلا *lila*)... وهذه المسرحية تتمثل في التنوع اللامتناهي للخليقة المتغيرة باستمرار.

لقد اعتدت التفكير بالطريقة التالية: لقد كان الله نعيماً لانهائياً وكليّ المعرفة؛ ولأنه كان وحيداً، ولم يكن هناك أحد سواه يستمتع بذلك النعيم. لذلك قال: "دعني أخلق كوناً وأقسّم نفسي إلى نفوس عديدة حتى تشارك التمثيل معي في مسرحيتي المتجلية." وبفعل قوة الوهم الكوني السحرية (مايا) أصبح مزدوجاً: الروح والطبيعة، الرجل والمرأة،

* مقتطفات من محاضرة ألقيت في ٩ ديسمبر/ كانون الأول ١٩٤٥. تظهر المحاضرة الكاملة في *Journey to Self-realization* (مجموعة أحاديث ومقالات برمهنسا يوغانندا، المجلد الثالث)، منشورات Self-Realization Fellowship

الإيجابي والسلبي*. ولكن على الرغم من أنه خلق الكون من الوهم، إلا أنه هو نفسه لا ينخدع به. ويعلم أن كل شيء ليس سوى تنويع لوعيه الكوني الواحد. إن تجارب الحواس والمشاعر، ودراما الحرب والسلام، والمرض والصحة، والحياة والموت — كلها تحدث في الله بصفته الحالم الكوني والخالق لكل الأشياء، لكنه لا يتأثر بها. إن جزءاً واحداً منه يظل على الدوام فائقاً متسامياً، بعيداً عن الثنائيات الاهتزازية: هناك يبقى الله ساكناً.

عالم من الترفيه الكوني

عندما يهتز وعي الله بأفكار التنوع، يصبح حالّاً وحاضراً في كل مكان باعتباره الخالق في عالم اللانهاية الاهتزازي المحدود: هناك يكون ناشطاً. فالاهتزاز يأتي بأشياء وكائنات تتفاعل في الفضاء مع حركات الزمن، تماماً كما تُحدث اهتزازات وعي الإنسان أحلاماً أثناء النوم.

إذا وحّدنا أنفسنا مع الله فلن نعاني بعدها

لقد خلق الله عالم الأحلام هذا لتسلية نفسه وتسليتنا. الاعتراض الوحيد الذي لديّ على الملهاة الإلهية هو: "يا رب، لماذا سمحت للمعاناة بأن تكون جزءاً من المسرحية؟" الألم قبيح

* انظر الحاشية عن مايا، صفحة ١٩.

جداً ومبرّح. فالوجود إذاً لم يعد تسلية، بل مأساة. وهنا يأتي دور شفاعة القديسين. فهم يذكّروننا بأن الله كلي القدرة، وإذا توحدنا معه، فلن نتأذى بعد ذلك في مسرحه هذا.

نحن من نسبب الألم لأنفسنا إذا تجاوزنا القوانين الإلهية التي يرتكز عليها الكون كله. خلاصنا هو التوحد معه. وما لم نتناغم مع الله ونعرف بالتالي أن هذا العالم ليس سوى تسلية كونية، فمن المؤكد أننا سنعاني. يبدو أن المعاناة هي تأديب ضروري لتذكيرنا بالسعي إلى التوحد مع الله. وعند ذلك سوف نستمتع بهذه المسرحية الرائعة مثلما يستمتع هو بها.

إن التفكير العميق بهذه الأمور يبعث على الدهشة. إنني أتعمق في هذه المجالات طوال الوقت. حتى أثناء تحدثي إليكم أرى هذه الحقائق. لو أن كائناً جباراً ألقى بنا في هذا الوجود الأرضي المخادع دون منحنا القدرة على الخلاص أو القدرة على النجاة أو معرفة ما يعرفه، لكان ذلك أمراً فظيعاً. ولكن الحال ليست كذلك. فهناك مَخرج. كل ليلة، عندما تغط في نوم عميق تنسى هذا العالم إذ يغيب عن وعيك ولا يعود موجوداً بالنسبة لك. وكل مرة تتأمل بعمق تشعر أن وعيك قد ارتقى وأن العالم أصبح غير موجود بالنسبة لك.

لهذا يقول القديسون إن اتحادنا بالله هو الطريقة الوحيدة التي يمكننا من خلالها أن ندرك أن هذا العالم ليس شيئاً يجب أن نعطيه أهمية كبيرة....

لو عرفت طبيعتك الخالدة
فلن ترفض هذه الدراما

يمكننا القول إنه ما كان ينبغي لله أبداً أن يخلق هذا العالم الذي يوجد فيه الكثير من المشاكل. ولكن من ناحية أخرى يقول القديسون: لو عرفتم أنكم آلهة فلن تمانعوا*. إذا شاهدت فيلماً، فإنك تحب الكثير من الأحداث وليس شيئاً باهتاً ومملّاً، أليس كذلك؟ هذه هي الطريقة التي يجب أن تستمتع بها بهذا العالم. انظر إلى الحياة كأنها فيلم، وعندها ستعرف لماذا خلق الله الشر.

مشكلتنا هي أننا ننسى أن ننظر إليها على أنها تسلية إلهية.

لقد قال الله في الأسفار المقدسة إننا مخلوقون على صورته. إذا تطلعنا إلى كمال الروح في داخلنا وأدركنا وحدتنا مع الله فيمكننا أن ننظر إلى هذه الدراما العالمية كفيلم، تماماً كما يفعل الله. عندها ستبدو لنا حقيقة هذا الفيلم الكوني — بما فيه من أهوال المرض والفقر والقنابل الذرية — كحقيقة المَشاهد المختلفة التي نختبرها في دار السينما. وعندما ننتهي من مشاهدة الفيلم، نعلم أنه لم يُقتل أحد، ولم يكن أحد يعاني. في الواقع، تلك الحقيقة هي الإجابة الوحيدة التي أراها عندما أنظر إلى دراما الحياة. إنها ليست سوى عرض كهربائي للظلال، مسرحية من الضوء والظلال. كل شيء هو اهتزاز لوعي الله المكثف في صور كهرومغناطيسية. إن جوهر تلك الصور لا يمكن أن

* «أليس مكتوباً في ناموسكم: أنا قلت إنكم آلهة؟» (يوحنا ١٠: ٣٤)

يُقطع بالسيف، أو يُحرق، أو يتم إغراقه، ولا يمكن أن يعاني من أي نوع من الألم. وهو لم يولد ولن يموت. ويمر فقط عبر بعض التغييرات*. لو استطعنا أن نشاهد هذا العالم كما يشاهده الله، وكما يشاهده القديسون، لتحررنا من الحقيقة الظاهرية لهذا الحلم...

استيقظ من الحلم الكوني

مثلما تكون نصف مستيقظ وتستطيع أن ترى حلماً وتعرف أنك تحلم وفي نفس الوقت تبقى منفصلاً عنه، هكذا يشعر الله بهذا الكون. فمن ناحية هو مستيقظ في غبطة متجددة على الدوام، ومن ناحية أخرى هو يحلم هذا الكون.

هذه هي الطريقة التي يجب أن تنظر بها إلى هذا العالم. عندئذ ستعرف لماذا خلقه الله، ولن تعزو حالات الحلم هذه إلى نفسك. إذا اختبرت كابوساً، فاعلم أنه ليس أكثر من مجرد حلم مزعج. إذا استطعت أن تعيش في العالم بهذا الوعي، فلن تعاني. هذا ما ستمنحه لك كريا يوغا. وهذا ما ستقدمه لك دروس

---

* «هذه النفس لا تولد ولا تفنى أبداً؛ ومتى أتت إلى الوجود لن تُمحى من الوجود ثانية. فهي أبدية، لا تولد ولا تتغير، بل تبقى هي نفسها (غير متأثرة بالعمليات المعتادة المرتبطة بعوامل الزمن). إنها لا تُقتل إذا قُتل الجسد.... ما من سلاح يستطيع أن يخترق النفس. لا يمكن للنار أن تحرقها، ولا للماء أن يبللها، ولا للريح أن تجففها. لأن النفس غير قابلة للاختراق، وغير قابلة للاحتراق أو البلل أو الجفاف. النفس ثابتة لا تتغير، تتخلل كل شيء، إنها هادئة، وراسخة — وهي كذلك إلى الأبد.». (God Talks With Arjuna The Bhagavad Gita: II:20, 23–24).

Self-Realization Fellowship إذا مارستها بإخلاص.* يجب أن تركز على هذه التعاليم، وليس على شخصيتي أو أي شخصية أخرى. ولا يتعلق الأمر بقراءة هذه الحقائق فقط، بل بممارستها. القراءة لا تجعلك حكيماً؛ الإدراك يجعلك كذلك.

ولهذا السبب لا أقرأ كثيراً. إنني أحتفظ بعقلي دائماً هنا [بين الحاجبين]على مركز وعي المسيح (كوتاستا).

كم يبدو العالم مختلفاً في نور العقل الكوني المنتشر في كل مكان! أحياناً أرى كل شيء كصور كهربائية؛ حيث لا وجود لوزن أو كتلة الجسم. إن قراءة عجائب العلوم لن تجعلك حكيماً، لأن هناك أكثر من ذلك بكثير مما يجب معرفته. اقرأ في كتاب الحياة المحتجب في داخلك، في النفس الكلية المعرفة، خلف ظلمة العيون المغمضة. اكتشف عالم الحقيقة الذي لا حدود له. انظر إلى هذه الأرض كحلم، وعندها سوف تفهم أنه لا بأس أن تستلقي على سرير هذه الأرض وتحلم حلم الحياة. وعندها لن تمانع، لأنك ستعرف أنك تحلم.

يبشر المعلمون الدينيون الغربيون بالرخاء والسعادة والصحة والوعد بالحياة الآخرة المجيدة. ولكن ليس باختبار النعيم الإلهي هنا والآن وبعدم التأثر بالمعاناة والألم. ومن هنا فإن تعاليم حكماء الهند العظام (الريشيز) تذهب إلى ما هو أعمق من ذلك بكثير.

* إن طريقة كريا يوغا هي علم روحي مقدس، نشأ منذ آلاف السنين في الهند. وتتضمن الطريقة أساليب معينة من التأمل تؤدي ممارستها المخلصة إلى معرفة الله. يتم تلقين تلك الأساليب للطلاب المنتسبين للدروس Self-Realization Fellowship Lessons.

لقد اتهم الغرب المعلمين [الهنود] بتقديم فلسفة سلبية للحياة: فلسفة تدعو إلى نكران العالم دون مبالاة بمعاناتك وبغض النظر عما إذا كنت سعيداً أم غير سعيد. وعلى العكس من ذلك، يتساءل معلمو الهند: "ماذا ستفعل عندما تواجه الألم والحزن؟ هل ستبكي بلا حول ولا قوة، أم أنك ستمارس تلك الأساليب التي تمنحك التوازن والسمو بينما تقوم بعلاج المرض؟" إنهم يشددون على اتخاذ إجراءات علاجية منطقية وفي نفس الوقت التحكم بالمشاعر، بحيث إذا فُقدت الصحة وحلّ الألم، لا تستسلم لليأس والقنوط. وبعبارة أخرى، إنهم يشددون على أهمية تتويج الإنسان نفسه بسعادة النفس النقية، التي لا يمكن أن تلوثها رياح أحلام الحياة الجميلة المتقلبة ولا عواصف الكوابيس المزعجة. إن الذين تعوّدوا على التشبث بالوعي المادي لا يريدون بذل الجهد المطلوب للوصول إلى تلك الحالة من المناعة، وعندما تأتي المعاناة لا يتعلمون منها فيكررون نفس الأخطاء....

لا تعر اهتماماً زائداً لمشاهد الحياة العابرة. أنت الذات الخالدة، التي تعيش بصورة مؤقتة في مجرد حلم يتحول في بعض الأحيان إلى كابوس. وهذه هي الفلسفة العليا لمعلمي الهند.

الحساسية العاطفية هي سبب المعاناة

لا تكن حساساً لدرجة كبيرة. الحساسية العاطفية هي السبب الصامت لكل المعاناة. ومن الحماقة منح الخليقة القوة من خلال اعتبارها حقيقية وبالانخراط العاطفي في أحداثها. إن عدم التأمل، وعدم الجلوس بهدوء وإدراك طبيعة روحك الحقيقية، وبدلاً من

ذلك الانجراف كجزء من الحركة الدائمة للخليقة، هو خطر دائم على سعادتك. ربما في يوم من الأيام سيتعرض جسمك لمرض شديد، وعلى الرغم من أنك ترغب في المشي أو القيام بأشياء أخرى كنت تفعلها في أيام شبابك أو عندما كنت تتمتع بصحة أفضل، تجد أنك لا تستطيع القيام بها. تلك ستكون خيبة أمل رهيبة لنفسك.

قبل أن يأتي ذلك اليوم، اجعل نفسك متحرراً للغاية بحيث يمكنك النظر إلى جسدك بتجرد، والاعتناء به كما لو كان جسد شخص آخر.

كانت إحدى طالباتي تعاني من حالة مؤلمة للغاية في ركبتها حيث كانت العظام آخذة بالتحلل والتلف. لا أعرف عدد المرات التي خضعت تلك الساق لعملية جراحية وتجبيرها مرة أخرى. لكنها تحدثت عن تلك الحالة كما لو أنها لم تحدث، وكانت تقول دون مبالاة: "إنها عملية بسيطة." الآن يجب أخذ الحياة على هذا النحو. اعمل على تنمية تلك الحالة الذهنية التي يمكنك من خلالها العيش بقوة عقلية أكبر.

حتى عندما لا تتاح لك الفرصة للتأمل لفترة طويلة أو بعمق، فكر دائماً أنك تعمل من أجل الله. عندما يظل عقلك راسخاً في الله، فلن تعاني بعدها؛ ولن يتمكن أي قدر من المرض أو الاعتلال من التأثير عليك داخلياً. في بعض الأحيان عندما يسبب هذا الجسد مشكلة، أنظرُ إلى داخلي وأرى أن كل شيء يتلاشى في نور الله.

وكما تشاهد الصور المتحركة على الشاشة وتستمتع

بالصراع المتناقض بين أفعال الخير والشر، وبين سيناريوهات الفرح والحزن، سوف تستمتع بهذا العالم. وستقول: "يا رب، كل ما تفعله حسن". ولكن ما لم تدرك بصورة واعية أن هذا مجرد حلم، لن تعرف لماذا خلق الله هذا العالم.

كن كالرب العامل-الساكن

أعتقد أن الله عندما خلق الكون أراد أن يظل مشغولاً ويواصل عمله. وليكن هذا حافزاً للطامحين الروحيين. يعتقد الكثيرون أنه لكي يجدوا الله وينجون من هذا الحلم، عليهم أن يتخلوا عن مسؤولياتهم ويبحثون عن العزلة في جبال الهمالايا أو غيرها من الأماكن المنعزلة تماماً؛ ولكن الأمر ليس بهذه البساطة. لأن العقل سيظل مستغرقاً في حالته المزاجية وفي القلق، وسيتعين على الجسم أن يكون نشيطاً للغاية فقط من أجل الحفاظ على الدفء ولإشباع جوعه وتوفير احتياجاته الأخرى.

من الأسهل أن تجد الله في غابة الحضارة إذا قمت بخلق توازن بين التأمل والعمل البنّاء المستقيم. كن كالرب العامل-الساكن. ففي الخليقة هو مشغول بفرح؛ وفيما وراء الخليقة هو ساكن بفرح في نعيم إلهي. ولأنني بذلت جهداً للعثور على الله في التأمل، فإنني أستمتع بنعيمه حتى في خضم النشاط. وبالتالي فإن النشاط لا يؤثر عليّ سلباً على الإطلاق. وعلى الرغم من قولي بأنني لا أحب هذا أو ذاك في خضم الثنائيات التي تحيط بي، إلا أنني أحتفظ بهدوئي وأبقى كالفولاذ: "ناشطاً بهدوء وهادئاً بنشاط؛ ملك سلام، أجلس على عرش الاتزان وأدير وأدبّر مملكة

النشاط."

تشير الدلائل كلها إلى أن الله خلق من الكمال كائنات غير كاملة. ولكن في الحقيقة، الكائنات [البشرية] غير الكاملة هي أرواح كاملة، مخلوقة على صورة الله. كل ما يريدك الله أن تفعله هو أن تفصل عيوبك الحالمة عن ذاتك الكاملة. عندما تفكر في حياتك البشرية وكل مشاكلك وتحقق ذاتك معها، فإنك تظلم صورة الله في داخلك.

أكّد وادرك: "أنا لست كائناً فانياً؛ أنا الروح."

من خلال الشر كما من خلال الخير
يقنعنا الله بالعودة إليه

يحاول الله دائماً أن يعيد أبناءه إلى كمالهم الطبيعي. لهذا السبب سترى حتى في الأشرار بحثاً عن الله، رغم أنه قد لا يتم التصريح به على هذا النحو. هل يمكنك أن تجد إنساناً شريراً يريد أن يحصل على الشقاء من أفعاله؟ لا، فهو يعتقد أن مساعيه ستمنحه وقتاً ممتعاً. الشخص الذي يسكر أو يتعاطى المخدرات يظن أنه سيستمتع بها. في كل مكان سترى الناس، الطيبين منهم والأشرار، يبحثون بطريقتهم الخاصة عن السعادة. لا أحد يريد أن يؤذي نفسه. فلماذا يتصرف الناس بطريقة شريرة من شأنها أن تسبب الألم والحزن؟ مثل هذه الأفعال تنشأ من أعظم الخطايا — الجهل.

"مرتكب الخطأ" هو التوصيف الصحيح بدلاً من "الآثم". يمكنك أن تدين الخطأ ولكن لا يجب أن تدين الفاعل. الذنوب هي أخطاء ترتكب تحت تأثير الجهل أو الوهم. ولولا حصولك على درجة مختلفة من الفهم، فلربما كنت في نفس حالته. قال يسوع: "من كان منكم بلا خطيئة فليرمها بحجر."* النقطة المهمة هي أننا نسعى إلى السعادة في كل ما نقوم به. لا يمكن لأحد أن يقول بصدق أنه مادي، لأن كل من يبحث عن السعادة يبحث عن الله. لذلك، في الشر كما في الخير، يقنعنا الله بالعودة إليه من خلال بحثنا عن السعادة.

* يوحنا ٨: ٧.

إن الحزن الذي يسببه الشر سوف يحوّل المسار في النهاية نحو مباهج الفضيلة. وبما أن الحياة بطبيعتها عبارة عن مزيج من الخير والشر، والأحلام الجميلة والكوابيس، فيجب علينا أن نسعى إلى خلق الأحلام الجميلة ونساعد على تحقيقها وألا ننشغل بالكوابيس المخيفة.

معرفة الله هي الحكمة الحقيقية

في تفاعلهم مع الحياة، يقول معظم الناس إما "سبّحوا الرب"، أو يحثوننا على الخوف منه؛ والبعض يلومه أو يجدّف عليه. وأعتقد أن هذا منتهى الغباوة. كيف يمكنك أن تعظّم الله؟ فهو لا يتأثر بالمديح أو التملق، لأنه عنده كل شيء. معظم الصلوات تُرفع من قبل الأشخاص الذين يعانون من مشاكل؛ والبعض يصرخ: "سبحوا الرب" على أمل الحصول على فضل منه. سواء جدّفت على الرب أو سبّحته؛ فلن يؤثر ذلك عليه. لكنه سيؤثر عليك أنت. احمده — أو الأفضل من ذلك، أحببه – وستشعر بالتحسن. إن جدّفت عليه سيرتد التجديف عليك ويؤذيك. عندما تتصرف بطريقة تتعارض مع الله، فإنك تتصرف ضد طبيعتك الحقيقية: الصورة الإلهية التي خلقك الله عليها. وعندما تتعارض مع تلك الطبيعة، فإنك تعاقب نفسك تلقائياً.

منذ طفولتي كنت متمرداً على الحياة، لأنني رأيت الكثير من الظلم. لكن الآن التمرد الوحيد الذي أشعر به في داخلي هو أن الناس لا يعرفون الله.

أعظم خطيئة هي الجهل — عدم معرفة ما هي الحياة.

وأعظم فضيلة هي الحكمة، أي معرفة معنى الحياة وخالقها والغرض منها. الحكمة هي معرفة أننا لسنا بشراً صغاراً، بل واحد مع الله.

في كل ليلة أثناء نومك، يحررك الله من كل مشاكلك ليُظهر لك أنك لست كائناً فانياً، لأنك أنت الروح. يريدك الله أن تتذكر هذه الحقيقة في الحالة الواعية أثناء اليقظة، حتى لا تنزعج بعد الآن من مفارقات الحياة. إن كان بإمكاننا أن نبقى على قيد الحياة في الليل، مستغرقين في نوم عميق دون التفكير في هذا العالم ومتاعبه، فيمكننا أن نعيش في عالم الله المادي الذي يتميز بالحركة والنشاط دون أن نعلق ونغرق في هذا الحلم. على الرغم من أن أكوان من الأحلام تطفو في وعي الله، إلا أنه مستيقظ دائماً ويعرف أنه يحلم. يقول لنا: "لا تدعوا الذعر يستولي عليكم أثناء حلم اليقظة هذا؛ تطلعوا إليّ بصفتي الحقيقة وراء الحلم."

عندما تكون هناك صحة وفرح، ابتسم في الحلم. وعندما يكون هناك كابوس من المرض أو الحزن، قل: "أنا مستيقظ في الله، وإنني فقط أشاهد مسرحية حياتي." عندها ستعلم أن الله قد خلق هذا الكون ليمتّع نفسه. وأنت، كونك مخلوقاً على صورته، ليس لديك الحق الكامل فحسب، بل أيضاً القدرة على الاستمتاع بهذه المسرحية بأحلامها المتنوعة تماماً كما يفعل هو...

تخلّص من أوهام المرض والصحة والحزن والفرح. ترفّع عنها. كن الذات العليا. شاهد العرض الكوني، لكن لا تنغمس فيه. كثيراً ما رأيت جسدي وقد فارق هذا العالم. إنني أهزأ من الموت، ومستعد له في أي وقت. الأمر ليس صعباً. لأن الحياة

الأبدية هي لي. أنا محيط الوعي. أحياناً أصبح موجة صغيرة من الجسد، لكنني لا أكون أبداً مجرد موجة بدون محيط الله.

لا يمكن للموت والظلام أن يخيفاننا، لأننا نفس الوعي الذي خلق الله منه هذا الكون.

في البهاغافاد جيتا يقول الرب:

من يدرك أنني غير مولود ولا بداية لي، وبأنني رب الخليقة المتسيّد، يكون ذلك الإنسان قد انتصر على الوهم وبلغ حالة النقاء والتحرر من الأخطاء حتى أثناء وجوده في الجسد المادي....

أنا مصدر كل شيء، وعني انبثقت كل الخليقة. بهذا الإدراك يعبدني الحكماء بتبجيل وتعظيم. أفكارهم متجهة نحوي بالكامل، كيانهم ممتثل طواعية لي، ينيرون بعضهم البعض، يمجدونني على الدوام، أتباعي راضون ومبتهجون....

بدافع الرحمة المطلقة، أنا الساكن الإلهي في نفوس البشر، أشعل فيهم مصباح الحكمة المنير الذي يطرد الظلمة المولودة من الجهل.

—Bhagavad Gita X:3, 8–9,11

القسم ٤

اكتشاف محبة الله غير المشروطة خلف حجاب الخليقة الغامض*

لن يستطيع أي إنسان أو نبي أن يزيل كل مظهر من مظاهر التفاوت وعدم المساواة والانقسامات من هذه الأرض.

ولكن عندما تجد نفسك في وعي الله، ستختفي هذه الفوارق والاختلافات وسوف تقول:

أوه، الحياة حلوة والموت حلم، عندما تتدفق أنشودتك من خلالي يا رب.

وسيكون الفرح عذباً والحزن حلماً. عندما تتدفق أنشودتك من خلالي.

عندها ستكون الصحة حلوة، والمرض حلماً، عندما تتدفق أنشودتك من خلالي.

وعندها سيكون المديح حلواً واللوم حلماً، عندما تتدفق أنشودتك من خلالي.**

هذه هي الفلسفة الأسمى. لا تَخف من أي شيء. حتى عندما

* مختارات من محاضرات برمهنسا يوغانندا

** هذه السطور مقتبسة من ترنيمة في كتاب *Cosmic Chants* تأليف برمهنسا يوغانندا (منشورات Self-Realization Fellowship).

تتقاذفك موجة في العاصفة، تبقى مع ذلك على صدر المحيط. اعتصم دوماً بوعي الحضور الإلهي في داخلك. كن واعياً ومتوازناً، وقل: "أنا لا أخاف لأن كياني مصاغ من جوهر الله. أنا شرارة من نار الروح الإلهي. أنا ذرة من اللهب الكوني. أنا خلية من جسد الآب الكوني المترامي. أنا وأبي السماوي واحد."

استخدم كل قوة روحك لتجد الله. لقد حال دخان الوهم بيننا وبينه، وهو يأسف لعدم قدرتنا على رؤيته. إنه ليس سعيداً لأن يرى بنيه يعانون كثراً ـــ يموتون من القنابل المتساقطة، والأمراض الرهيبة، وعادات العيش الخاطئة. إنه يأسف لذلك، لأنه يحبنا ويريدنا أن نعود إليه. يا ليتك تبذل الجهد ليلاً للتأمل ولكي تكون معه! إنه يفكر بك كثيراً. ولم يتخلَّ عنك أو يهجرك. أنت الذي تخليت عن ذاتك العليا وهجرتها. الله لا يتجاهلك أبداً....

الغرض الوحيد من الخليقة هو إجبارك على حل لغزها ومعرفة الله وراء كل شيء. فهو يريدك أن تنسى كل شيء آخر وتبحث عنه وحده. بمجرد أن تجد ملجأً في الرب، سيختفي الوعي بالحياة والموت كحقيقتين. وسترى بعد ذلك كل الثنائيات كأحلام أثناء النوم، تأتي وتمضي، تظهر وتختفي في الوجود الأبدي لله. لا تنسَ هذه العِظة التي يعبّر عنها لك من خلال صوتي.

لا تنسَها! إنه يقول:

"...لا تتلكأ ولا تتوانَ، ولا تبقَ غائصاً في وحل المعاناة والجهل. تعالَ! اغتسل في نوري."

الرب يريدنا أن نَخلص من هذا العالم الوهمي المضلّل. إنه

ينادينا، لأنه يعلم مدى صعوبة حصولنا على خلاصه. ولكن عليك فقط أن تتذكر أنك ابنه. لا ترثِ لحالك أو تشفق على نفسك. فالله يحبك تماماً مثلما يحب المسيح وكريشنا. يجب أن تطلب محبته، لأنها تشمل الحرية الأبدية، والخلود، والفرح الذي لا انتهاء له.

إن تحت ظلال هذه الحياة يوجد نور الله المدهش العجيب. الكون هو معبد واسع لحضوره. عندما تتأمل، ستجد أبواباً تُفتح إلى حضوره في كل مكان.

عندما تتناغم معه، لا تستطيع كل ويلات العالم أن تنتزع هذا الفرح والسلام منك.

نبذة عن المؤلف

يُعتبر برمهنسا يوغانندا (١٨٩٣-١٩٥٢) على نطاق واسع واحداً من أبرز الشخصيات الروحية في زمننا المعاصر. وُلد في شمال الهند وجاء إلى الولايات المتحدة في عام ١٩٢٠. وعلى مدى العقود الثلاثة التالية ساهم بطرق بعيدة الأثر في زيادة الوعي والتقدير في الغرب لحكمة الشرق الخالدة — من خلال كتاباته، وجولات محاضراته المكثفة، وتأسيس العديد من المعابد ومراكز التأمل التابعة إلى Self-Realization Fellowship*. وقد ساهمت قصة حياته المشهورة، مذكرات يوغي *Autobiography of a Yogi*، بالإضافة إلى العديد من كتبه الأخرى وسلسلة دروسه الشاملة المعدّة للدراسة المنزلية، في تعريف الملايين على علم الهند القديم للتأمل وطرق تحقيق الرفاهية المتوازنة للجسم والعقل والروح.

العمل الروحي والإنساني الذي بدأه برمهنسا يوغانندا يتواصل اليوم بإشراف الأخ تشيدانندا Brother Chidananda، رئيس Self-Realization Fellowship/ Yogoda Satsanga Society of India

* (جماعة معرفة الذات) لقد أوضح برمهنسا يوغانندا أن اسم Self-Realization Fellowship يعني «صحبة الله عن طريق معرفة الذات، ومصادقة جميع النفوس الباحثة عن الحقيقة».

كتب باللغة العربية من تأليف برمهنسا يوغانندا

منشورات عربية من
Self-Realization Fellowship
متوفرة على الموقع الإلكتروني

www.srfbooks.org

أو غيره من مكتبات بيع الكتب عبر الإنترنت

كيف يمكنك محادثة الله

يُعرّف برمهنسا يوغانندا الله بأنه الروح الكوني الفائق والأب، والأم، والصديق الشخصي المحب والقريب من الجميع، ويبيّن مدى قرب الرب من كل واحد منا، وكيف يمكن إقناعه بأن "يكسر صمته" ويستجيب بطريقة محسوسة.

توكيدات شفاء علمية

في هذا الكتاب الذي يشتمل على مجموعة واسعة من التوكيدات يقدم برمهنسا يوغانندا شرحاً عميقاً للأسس العلمية للتوكيد. ويشرح طريقة عمل التوكيدات، وكيف يمكن استخدام قوة الكلمة والفكر ليس فقط لاستجلاب الشفاء، ولكن أيضاً لإحداث التغيير المرغوب في كل مجال من مجالات الحياة.

تأملات ميتافيزيقية

أكثر من ٣٠٠ من التأملات والصلوات والتوكيدات الروحية التي تلهم الفكر وتسمو به، والتي يمكن استخدامها لتنمية قدر أكبر من الصحة،

والحيوية، والإبداع، والثقة بالنفس، والهدوء؛ وللعيش بدراية أكبر بحضور الله الذي يغمر النفس بالغبطة والابتهاج.

عِلم الدين

في هذا الكتاب، يبين برمهنسا يوغانندا أن داخل كل إنسان توجد رغبة حتمية لا مفر منها وهي التغلب على المعاناة والحصول على سعادة لا انتهاء لها. وإذ يشرح كيف يمكن تحقيق هذه الأشواق، فإنه يتناول بدقة الفعالية النسبية للمقاربات المختلفة لتحقيق هذا الهدف.

قانون النجاح

يشرح المبادئ الديناميكية لتحقيق أهداف المرء في الحياة، ويحدد القوانين الكونية التي تحقق النجاح وتجلب الرضا – على المستوى الشخصي والمهني والروحي.

همسات من الأبدية

مجموعة من صلوات برمهنسا يوغانندا واختباراته الإلهية في حالات التأمل السامية. إن كلماته المدونة بجمال شعري وإيقاع رائع تظهر تنوعاً لا ينفد لطبيعة الله والعذوبة اللامتناهية التي يستجيب بها لمن يبحثون عنه.

مأثورات برمهنسا يوغانندا

مجموعة من الأقوال والمشورة الحكيمة التي تنقل ردود برمهنسا يوغانندا الصريحة والمفعمة بالمحبة لأولئك الذين قصدوه التماساً للتوجيه والإرشاد. المأثورات في هذا الكتاب، التي تم تدوينها بواسطة عدد من تلاميذه المقربين، تتيح للقارئ فرصة المشاركة في لقاءاته مع المعلم.

كتب باللغة الإنكليزية لبرمهنسا يوغانندا

Autobiography of a Yogi

God Talks With Arjuna: The Bhagavad Gita
— A New Translation and Commentary

The Second Coming of Christ:
The Resurrection of the Christ Within You
— A Revelatory Commentary on the Original Teachings of Jesus

The Yoga of the Bhagavad Gita

The Yoga of Jesus

The Collected Talks and Essays
Volume I: Man's Eternal Quest
Volume II: The Divine Romance
Volume III: Journey to Self-realization

Wine of the Mystic:
The Rubaiyat of Omar Khayyam
— A Spiritual Interpretation

Songs of the Soul

Whispers from Eternity

Scientific Healing Affirmations

In the Sanctuary of the Soul:
A Guide to Effective Prayer

The Science of Religion

Metaphysical Meditations

Where There Is Light
—Insight and Inspiration for Meeting Life's Challenges

Sayings of Paramahansa Yogananda

Inner Peace:
How to Be Calmly Active and Actively Calm

Living Fearlessly
—Bringing Out Your Inner Soul Strength

The Law of Success

How You Can Talk With God

Why God Permits Evil and How to Rise Above It

To Be Victorious in Life

Cosmic Chants

دي في دي فيديو

Awake: The Life of Yogananda
فيلم من إنتاج شركة أفلام كاونتربوينت

يتوفر كتالوج كامل يحتوي على كتب وتسجيلات فيديو/تسجيلات صوتية – بما في ذلك تسجيلات أرشيفية نادرة لبرمهنسا يوغانندا – على الموقع الإلكتروني:

www.srfbooks.org

حزمة تقديمية مجانية

الطريقة العلمية للتأمل التي علّمها برمهنسا يوغانندا، بما في ذلك كريا يوغا – إلى جانب توجيهاته بخصوص كافة جوانب العيش الروحي المتزن – يتم تلقينها في دروس Self-Realization Fellowship. يرجى زيارة الموقع الإلكتروني www.srflessons.org وطلب حزمة معلومات مجانية شاملة عن الدروس.

Self-Realization Fellowship
3880 San Rafael Avenue • Los Angeles, CA 90065-3219
Tel +1(323) 225-2471 • fax +1(323) 225-5088

www.yogananda.org

دروس
Self-Realization Fellowship

إرشادات وتعليمات شخصية
من برمهنسا يوغانندا حول التأمل ومبادئ الحياة الروحية

إذا كنت تشعر بالانجذاب إلى تعاليم برمهنسا يوغانندا، فإننا ندعوك للتسجيل في دروس *Self-Realization Fellowship*.

لقد أنشأ برمهنسا يوغانندا سلسلة الدراسة المنزلية هذه لإتاحة فرصة للباحثين المخلصين لتعلّم وممارسة أساليب تأمل اليوغا القديمة التي جلبها إلى الغرب – بما في ذلك علم الكريا يوغا *Kriya Yoga*. تقدم الدروس أيضاً إرشاداته العملية لتحقيق الازدهار، والرفاه الجسدي، والعقلي، والروحي.

تتوفر دروس *Self-Realization Fellowship* مقابل رسم رمزي (لتغطية تكاليف الطبع والبريد)، ويقدم رهبان وراهبات *Self-Realization Fellowship* لجميع الطلاب إرشادات شخصية حول الممارسة التطبيقية.

لمزيد من المعلومات...

يرجى زيارة الموقع الإلكتروني www.srflessons.org أو طلب حزمة تتضمن معلومات مجانية شاملة عن الدروس.